With special appreciation
to my teacher

LURDES SARAMAGO CHAPPELL

POEMAS
^{DO} JARDIM

POEMS FROM THE GARDEN

SONJA N. BOHM

WORLDS ASPIRE
SPRINGFIELD, VA

WorldsAspire

ISBN 978-1-7362835-4-7

Revised edition.

Bohm, Sonja N., author.
Poemas do Jardim / Poems from the Garden: Bilingual Poems in Portuguese and English.

Cover image and design by Sonja N. Bohm:
View from the Garden Caffé in Parede, Portugal.
Interior images by Sonja N. Bohm unless otherwise credited.

Printed by Lulu.com

forgive me these lines!
to me you are Portugal—
how could I not sing?

AS FOLHAS

PER ASPERA

Fui feita não só para respirar,
 mas através deste sofrimento
o céu estrelado alcançar;
é isto que os mundos esperam.

THE LEAVES

PER ASPERA

I was made not only to breathe,
  but through this suffering
to reach the starry sky;
this is what the worlds hope for.

Eu tenho que olhar para baixo
para andar sobre estas pedras,

e isso me lembra da minha dor.

Ainda continuo andando.

Calçada portuguesa (Portuguese pavement). Parede, Portugal.

I have to look down
  to walk on these stones,
and it reminds me of my pain.
Still I keep walking.

SOLIDÃO

"Principle—that what we renounce we recover in God." —Thomas Merton

O lhos gentis são poças de água
    neste deserto ressecado;
mãos generosas são raios de sol
    que revivem um coração frio.
Perdoa-me se estes versos só
    revelarem a minha estima,
mas oferecer mais do que isso
    seria quebrar uma promessa.

SOLITUDE

"Principle—that what we renounce we recover in God." —Thomas Merton

Kind eyes are pools of water
    in this parched desert;
generous hands are rays of the sun
    that revive a cold heart.
Forgive me if these lines only
    reveal my esteem,
but to offer more than that
    would be to break a promise.

Sentir os raios do sol na palma da minha mão
é melhor do que segurar pedras preciosas.
As gemas vão escorregar pelos meus dedos, mas
o calor do sol fluirá em meu coração.

To feel the sun's rays in the palm of my hand
is better than holding precious stones.
The gems will slip through my fingers, but
the warmth of the sun will flow into my heart.

ÁGUAS PROFUNDAS

V enho para o jardim para estar
      perto de piscinas de águas profundas.
Posso contemplar a sua superfície

   por horas incontáveis e não me cansar.

Estudo cada movimento à medida que

   respondem ao vento e à chuva.

Mas só posso observar estas águas;

   conhecê-las seria afogar-me.

DEEP WATERS

I come to the garden to be
    near pools of deep water.
I can gaze upon their surface
    for countless hours and not grow weary.
I study every movement as
    they respond to the wind and the rain.
But I can only observe these waters;
    to know them would be to drown.

O caminho do desejo
é forjado pela esperança

e seguido com pressa

the path of desire
is forged by aspiration

and followed with haste

SUBMISSÃO

Por que preciso sair do jardim?
A minha força vem dos raios de sol;
piscinas de água saciam a minha sede.
Além deste muro não há descanso,
apenas o anseio pelo jardim.
Mas tu levas-me daqui
e tenho que te seguir;
pois esta é a tua vontade.

SUBMISSION

Why must I leave the garden?
My strength comes from rays of the sun;

pools of water quench my thirst.

Beyond this wall there is no rest,

only longing for the garden.

But you lead me away

and I must follow you;

for this is your will.

PAZ

Não desejo a paz que vem somente quando o sol está brilhante,

mas a paz que vem como um presente

durante uma tempestade.

PEACE

I do not desire peace that comes only
when the sun is bright,
but peace that comes as a gift
during a storm.

Espero por uma brisa suave
para encher os meus sentidos
com a fragrância do jardim
e as canções dos pássaros.
Ela passa, mas apenas deixa
um toque gentil no meu rosto.
Os meus outros sentidos são mudos,
mas estou contente e não noto.

I wait for a soft breeze
  to fill my senses
with the fragrance of the garden
and the songs of birds.
It passes, but it only leaves
a gentle touch on my face.
My other senses are mute,
but I am content and do not notice.

JARDIM DOS SEGREDOS

Jardim dos segredos—
caminhos ocultos
e águas escuras
escondem a verdade.

Somente um coração
livre de engano
levanta o véu
e revela a luz.

GARDEN OF SECRETS

Garden of secrets—
concealed paths
and murky waters
hide the truth.

Only a heart
free from deceit
lifts the veil
and reveals the light.

TORDO-COMUM

a ve canora
sempre em fuga
repetindo cantos doces
e roubando o meu coração

SONG THRUSH

S ongbird
always on the run

repeating sweet songs

and stealing my heart

Somos iguais;
da mesma fonte.

Pulso, água,

ritmo, vida—

Dança comigo até à noite;

lembra-te de mim nos teus sonhos.

We are alike;
from the same source.

Pulse, water,

rhythm, life—

Dance with me until night;

remember me in your dreams.

A ssumirei a forma da minha iniquidade
se não me conformar com a Tua vontade.

Mas não é o suficiente para saber a verdade;

preciso de viver na verdade para viver em liberdade.

I'll assume the shape of my iniquity

if I don't conform to Your will.

But it's not enough to know the truth;

I must live in truth to live in freedom.

De frente para o muro do jardim,
eu sussurro o meu nome;
mas demasiado suave para um eco,
é arrebatado pela brisa.

De frente para o muro,
eu digo o meu nome;
mas tímido e fraco,
cai no chão.

De frente para o muro,
eu choro o meu nome.
O muro responde, «Ela está aqui!»
Mas o jardim já sabia.

Facing the garden wall,
I whisper my name;
but too soft for an echo,
it's caught up with the breeze.

Facing the wall,
I speak my name;
but timid and weak,
it falls to the ground.

Facing the wall,
I cry my name.
The wall responds, "She's here!"
But the garden already knew.

Eu sei que o portão é estreito.

Já o vi, e o meu coração deseja.

Eu sei que esta vida é curta,

mas o caminho parece tão longo

e já me sinto cansada.

I know that the gate is narrow.
  I've seen it, and my heart desires.
I know that this life is short,
but the way seems so long

and I'm already weary.

HOJE NÃO

Hoje não vou contemplar as águas.
Não vou ouvir as aves canoras
ou cheirar as flores perfumadas.

Não vou sentir o sol nas minhas mãos.

Vou sentir fome e sede até amanhã.

Eu serei um corpo sem sentidos.

NOT TODAY

Today I won't look upon the waters.
I won't listen to songbirds
or smell fragrant flowers.
I won't feel the sun in my hands.
I'll hunger and thirst till tomorrow.
I'll be a body without senses.

NÃO POSSO

Não posso ficar no caminho do sol sem me queimar.

Não posso andar sobre estas pedras e não tropeçar.

Não posso olhar para águas profundas sem medo.

Mas não posso ficar retraído e isolado;—

não me posso esconder do mundo se quiser viver.

I CAN'T

I can't stand in the sun's path without burning.

I can't walk on these stones and not stumble.

I can't look upon deep waters without fear.

But I can't be withdrawn and isolated;—

I can't hide from the world if I want to live.

A promessa da Primavera paira no ar
como as flores amarelas beijam a paisagem

e pintam diante dos meus olhos uma imagem

daquele que faz o meu coração se alegrar.

The promise of Spring hangs in the air
as yellow flowers kiss the landscape
and paint before my eyes an image
of the one who makes my heart rejoice.

Que espírito está aqui

quem conhece os meus pensamentos

e cumpre os meus pedidos

mesmo antes que eu pergunte?

What spirit is here
who knows my thoughts

and fulfills my requests

even before I ask?

"To possess, is past the instant

We achieve the joy" —Emily Dickinson

Nunca vou possuir-te, ave canora;
porque então as tuas canções cessariam

e elas trazem-me tanta alegria!—

Emoções sinceras elas inspiram!

"To possess, is past the instant

We achieve the joy" —Emily Dickinson

I 'll never possess you, songbird;
   for then your songs would cease

and they bring me such joy!—

The honest emotions they inspire!

E scrito no rosto está a verdade,
revelando uma afinidade

que vibra com simpatia.

Dançamos com palavras

cuidadosamente escolhidas

retirando camadas

até à alma chegar.

Written on the face is truth,
revealing an affinity

that vibrates with sympathy.

We dance with words

carefully chosen

peeling back layers

until the soul is reached.

A MINHA MUSA

A minha musa é um lugar,
   mas tem um rosto, e um nome—
e voa livre como uma pomba.
A minha musa é o Amor.

Parede, Portugal.

MY MUSE

My muse is a place,
but it has a face, and a name—

and flies free as a dove.

My muse is Love.

Eu estarei onde os trilhos se cruzam com as tílias

Quando as pombas ao longo dos telhados e fios

Cessarem o seu canto enquanto as sombras descem.

Onde os raios de sol alcançam os ramos mais altos;

Onde as chuvas se juntam e descem até às raízes;

Onde quer que meus olhos se inspirarem para me guiar,

Eu estarei lá.

I will be where the tracks meet the linden trees

When the doves along the rooftops and wires

Cease their singing as the shadows descend.

Where the rays of the sun reach the highest branches;

Where the rains collect and sink into the roots;

Wherever my eyes are inspired to guide me,

I will be there.

Não preciso de saber
o que a árvore sabe,

nem ver o que viu;

apenas quero sentir

o pulsar da criação

que flui em seu tronco

dentro das minhas mãos.

I don't need to know
what the tree knows,
nor see what it has seen;
I only want to feel
the pulse of creation
that flows in its trunk
within my hands.

COMO UMA FLOR

Como uma flor—
Pétalas abertas ao mundo pela manhã,

E dobradas sem pesar no final do dia.

Sem pesar,

Sem lamentar—

Como uma flor.

LIKE A FLOWER

Like a flower—
Petals open to the world at morn,

And folded without regret at day's end.

Without regret,

Without lament—

Like a flower.

A MINHA GUERRA

Todos os dias o fogo consome.

    Todos os dias esta guerra retoma,

e a minha muralha enfraquece.

Mas vou levantar-me das chamas,

vou reforçar as minhas defesas,

vou encarar um novo dia.

Não porque sou forte,

mas porque te amo.

MY WAR

Every day the fire consumes.
Every day this war resumes,

and my wall weakens.

But I'll rise from the flames,

I'll reinforce my defenses,

I'll face a new day.

Not because I'm strong,

but because I love you.

Meio adormecida, eu sonho
e sinto a presença de outro.

Toco uma mão que não está lá.

Half asleep, I dream
and sense the presence of another.

I touch a hand that isn't there.

A Natureza não fala com palavras;
Ela traz a paz simplesmente estando perto.

É a mesma coisa com certas pessoas—

A sua presença vale mais do que ouro.

Nature doesn't speak with words;
    She brings peace simply by being near.

It's the same thing with certain people—

Their presence is worth more than gold.

NOTURNO (Contraponto)

 Céu existe

    O Céu existe

ou nunca mais

te verei

O Céu existe

O Céu existe

ou nunca mais

te verei

Ó ver-te-ei

ver-te-ei

ver-te-ei

novamente

ver-te-ei

ver-te-ei

ver-te-ei

novamente

NOCTURNE (Counter-melody)

Heaven exists
Heaven exists
or I'll never
see you again

Heaven exists
Heaven exists
or I'll never
see you again

Oh I'll see you
I'll see you
I'll see you
again

I'll see you
I'll see you
I'll see you
again

O Céu existe

O Céu existe

ou nunca mais

te verei

O Céu existe

O Céu existe

ou nunca mais

te verei

Ó ver-te-ei

ver-te-ei

ver-te-ei

novamente

ver-te-ei

ver-te-ei

ver-te-ei...

Heaven exists

Heaven exists

or I'll never

see you again

Heaven exists

Heaven exists

or I'll never

see you again

Oh I'll see you

I'll see you

I'll see you

again

I'll see you

I'll see you

I'll see you...

Nos sonhos nado pelo ar
Como se fosse o mar.

Mas não posso voar;—

Pelo menos posso cantar.

In dreams I swim through the air
  As if it was the sea.
But I can not fly;—
At least I can sing.

UM LAMENTO DE PÁSCOA

S uperaste a morte.
Ajuda-me a superar as minhas lágrimas.

Ajuda-me a superar-me,

porque eu nem sequer estou a tentar.

Eu nem sequer estou a tentar...

AN EASTER LAMENT

You have overcome death.
Help me overcome my tears.
Help me to overcome myself,
because I'm not even trying.
I'm not even trying...

A Natureza toca as suas canções doces,
E não preciso de perguntar para quem são—

São feitas para mim.

Porque O Autor conhece—

O Autor conhece

O Autor conhece

O ritmo do meu coração.

Foi a Sua criação,

E bate só por causa Dele.

Bate só para Ele

Bate só para Ele...

Nature plays her sweet songs,
And I need not wonder for whom they're meant—
They're meant for me.
Because the Author knows—
    The Author knows
        The Author knows
The rhythm of my heart.
It was His creation,
And it beats only because of Him.
    It beats only for Him
        Beats only for Him…

POEMA PRAGMÁTICO I (SINCERIDADE)

U ma palavra falada
    é menos eloquente, talvez,
mas mais poderosa que
uma palavra escrita.

Há menos probabilidade
de que o que é falado
seja incompreendido
se dito com sinceridade.

PRAGMATIC POEM I (SINCERITY)

A spoken word
is less eloquent, perhaps,

but more powerful than

a written word.

There is less likelihood

that what is spoken

will be misunderstood

if said with sincerity.

VAMOS VER

Vamos ver, vamos ver...
A vida é boa,
não posso reclamar.

Deus provê, Deus provê.
Nas Suas mãos
vou residir.

Eu amo, eu amo
este jardim,
esta terra.

Lembrarei, lembrarei
águas que inspiram,
luz do sol que cura,
pássaros que cantam...

WE'LL SEE

We'll see, we'll see...
Life is good,
I can't complain.

God provides, God provides.
In His hands
I will abide.

I love, I love
this garden,
this land.

I'll remember, I'll remember
waters that inspire,
sunlight that heals,
birds that sing...

O VENDAVAL

Como posso aguentar este vendaval
e não ser varrida para longe?
Não tenho raízes fortes o suficiente
para me manter ancorada...
Então vou voar,
e vou confiar,
e vou ser movida,
e estarei segura
porque a Fonte deste vento
dirige o seu caminho.

THE WINDSTORM

How can I withstand this windstorm
and not be swept away?
I've no roots strong enough
to keep me grounded...
So I will fly,
and I will trust,
and I'll be moved,
and I'll be safe
because the Source of this wind
directs its path.

Parque Marechal Carmona. Cascais, Portugal.

MORNING THOUGHTS

L ove never fades
Only illusions fade

Dreams do not fade

but they can be abandoned

by the dreamer

Emotions get swept away

but they are fleeting by nature

and undependable

Things may decay

but they are only things

But love never fades

nor will it be carried away

or decay

or abandon the beloved

or else it was not love

Tudo na Natureza se move no tempo perfeito—

embora algumas coisas pareçam mover-se com pressa:—

A fúria do vento durante uma tempestade;

um pássaro assustado que levanta voo;

as ondas que quebram contra a costa;

a luz da manhã—

e a batida do meu coração.

Everything in Nature moves in perfect time—
    although some things seem to move with haste:—

The fury of the wind during a storm;

a startled bird taking flight;

waves that break against the shore;

the morning light—

and the beating of my heart.

Habitar no amor é assim:—
Entramos no amor livremente,
e chegamos continuamente.
O amor não tem começo nem fim.

Belém train station along the Linha de Cascais. Belém, Portugal.

To dwell in love is like this:—
   We enter into love freely,
and arrive continually.
Love has no beginning or end.

Parque e Jardim Morais da Parede. Parede, Portugal.

I linger long about your door
  And cast my shadow, nothing more...

These plaintive lines of poetry,

Illusions of reality,

Are writ in hopes to quench a fire

Enkindled by my heart's desire—

My one desire, denied by fate,

That blooms inside the garden gate.

It seems my lot to wait and wait...

But Nature's true, and in due time,

The rose I sought to make but mine

Will start to wither on the vine.

And fate proves kind, and in the end

I'll come to see it as my friend,

For this I know with certainty:

All mingle with eternity...

One day I'll withdraw from your door

And cast my shadow nevermore.

As estações mudaram. Então, quem sabia?
A primavera se foi e o verão chegou.
Mas se há vento, sol, névoa ou chuva,
para mim, cada dia é igual a outro:—

Qualquer dia é um bom dia para andar.

The seasons have changed. So, who knew?
Spring is gone and summer has come.
But whether there is wind, sun, mist or rain,
for me, each day is equal to another:—

Any day is a good day to walk.

POEMA PRAGMÁTICO II

É melhor que a vida simplesmente aconteça;—
Melhor que as relações não façam parte de um esquema.

A felicidade não virá para aqueles que conspiram;

A inspiração não chegará a uma vida artificial.

PRAGMATIC POEM II

It's better if life simply happens;—
Better if relations aren't made part of a scheme.
Happiness won't come to those who conspire;
Inspiration won't come to a life contrived.

ESPERANÇA, A MINHA ALEGRIA

Com cada respiração
em que faltava alegria,

recolhi lembranças

como flores silvestres

e formei uma grinalda

para adornar a minha cabeça.

HOPE, MY JOY

With every breath
that lacked joy,
I gathered memories
like wildflowers
and formed a wreath
to adorn my head.

SOLIDÃO II (A MINHA ADORAÇÃO)

Transformar a beleza em mentira
seria a pior traição.
Renunciar a este fruto é como mostro
a minha adoração.

SOLITUDE II (MY ADORATION)

To turn beauty into a lie
would be the worst betrayal.
Renouncing this fruit is how I show
my adoration.

ONDAS (VAI E VEM)

Fora do silêncio vem a inspiração—
Pensamentos e palavras fluem;

Sentidos despertam e comovem...

Até voltarmos novamente à solidão.

WAVES (COME AND GO)

Out of silence comes inspiration—
Thoughts and words flow;

Senses awaken and move...

Until we return once more to solitude.

SOLIDÃO III (O CHORO DE UMA POMBA)

Nunca questiones a minha lealdade
mas nunca duvides do meu amor;

porque o choro de uma pomba

é só para o seu companheiro.

SOLITUDE III (THE CRY OF A DOVE)

Never question my loyalty
but never doubt my love;

because the cry of a dove

is only for her mate.

APREENSIVA

Posso conhecer este país
sem colocar os meus pés nas águas?
Ouço que estas águas são frias;
estou acostumada ao frio,
os meus pés frequentemente ficam frios,—
mas quase nunca molhados!

"COLD FEET"

Can I know this country
without putting my feet in the waters?

I hear these waters are cold;

I am accustomed to the cold,

my feet often get cold, —

but hardly ever wet!

VENTO E ESPÍRITO

O vento não é visto nem ouvido
Até que ele mova as coisas...
Até que sussurre através das folhas;—
Até que os troncos se dobrem
E balancem
E batam...
Até as águas dançarem sobre a superfície,
Comoverem a minha alma,
E me encherem de alegria.

WIND AND SPIRIT

The wind is neither seen nor heard
Until it moves things...
Until it whispers through the leaves;—
Until the trunks bend
  And sway
    And knock...
Until the waters dance upon the surface,
  Move my soul,
    And fill me with joy.

Se apenas este vazio
Fosse pelas coisas desta terra—

O temporal, o efêmero, o físico...

Mas vou beber deste cálice

Com uma cara feliz

E espero sofrer sozinha.

Garden Caffé. Parede, Portugal.

If only this emptiness

　Was for things of this earth—

The temporal, the ephemeral, the physical...

But I'll drink from this cup

With a happy face

And hope that I suffer alone.

VIREI AS COSTAS

Virei as costas para as águas;—
O que mais poderia fazer?
Virei as costas para as águas

Pois não podia ficar.

Virei as costas para as águas,

Mas isto posso dizer:—

Eu voltarei para as águas

Pois não terminei de cantar.

I TURNED MY BACK

I turned my back on the waters;—
  What else could I do?
I turned my back on the waters
Because I could not stay.
I turned my back on the waters,
But this I can say:—
I'll come back to the waters
Because I'm not done singing.

TOCA O TAMBOR

d o teu coração
toca o tambor

use as duas mãos

ouve-me cantar

versos de amor

BEAT THE DRUM

from your heart
beat the drum

use both hands

hear me sing

lines of love

MISERICÓRDIA

Carregamos tristezas nas nossas costas como fardos,
mas elas devem cair como folhas velhas duma oliveira.
Nadamos nas águas para aliviar o peso
e descobrimos como elas são lavadas pela Misericórdia.

MERCY

We carry sorrows on our backs like burdens,
but they should fall off like old leaves from an olive tree.
We swim in the waters to lighten the weight
and find they are washed away by Mercy.

TUDO

Quando estou perto das águas
são tudo o que vejo;
quando estou longe das águas
vejo-as em tudo.

EVERYTHING

When I am near the waters
they are all that I see;
when I am away from the waters
I see them in everything.

JANELAS

Pensei que olhava para um espelho
Quando vi o teu rosto,
Mas era uma janela
Com vista para a esperança.

WINDOWS

I thought I looked into a mirror
 When I saw your face,
But it was a window
With a view of hope.

MAIS OU MENOS

Amar mais a Deus não significa
que amamos os outros menos;
amamos os outros melhor quando
primeiro amamos a Deus.

MORE OR LESS

Loving God more doesn't mean
we love others less;
we love others best when
we first love God.

Não é a espera
que causa sofrimento,

mas a dúvida

e o desconhecido.

It's not the waiting
   that causes suffering,
but the doubting
and the unknown.

SEMPRE BEM

Para Rogério

Para estar «sempre bem» é uma perspectiva.
Porque se eu disser que estou bem—
e se eu acreditar também,
é mais provável que um bom dia aconteça!

ALWAYS WELL

For Rogério

To be "always well" is an outlook.
Because if I say that I am well—
and if I believe it too,
a good day is more likely to happen!

Não podes dizer ao vento onde soprar;
Sopra onde quer.

Não podes dizer ao sol para não queimar;

Queima como quer.

Mas as águas trazem cura

E a terra traz esperança

Apenas com a tua permissão.

You can't tell the wind where to blow;
It blows where it will.
You can't tell the sun not to burn;
It burns as it wills.
But the waters bring healing
And the earth brings hope
Only with your permission.

CORPOS DE ÁGUA

Os oceanos são corpos de água
contínuos e interligados.
São águas sem limites, exceto os
definidos pelos seres humanos.
E nós somos como estas águas—
corpos separados só por convenção,
se não por Deus.

BODIES OF WATER

The oceans are continuous and
interconnected bodies of water.
They are waters without limits,
except for those defined by humans.
And we are like these waters—
bodies separated only by convention,
if not by God.

A LUZ DO DIA

Podes esconder os teus olhos do sol,
mas irradiam de dentro

e são mais brilhantes que a lua

quando aparece durante o dia.

THE LIGHT OF DAY

You can hide your eyes from the sun,
but they radiate from within
and are more brilliant than the moon
when it appears during the day.

SÊ FORTE!

Por que escondes o teu rosto?
Por que carregas tanta dor?
Cada estação é um novo começo.
O outono não traz a morte,
mas abre caminho para um novo nascimento
com cada folha que cai na terra.

—Sê forte!

BE STRONG!

Why hide your face?
Why carry so much pain?
Each season is a new beginning.
Autumn does not bring death,
but paves the way for a new birth
with every leaf that falls to the ground.

—Be strong!

O NOVO ORFEU

Tu foges e quero seguir;
cantas e quero voar;
porque tu és, quero ser.
Mas não te posso dizer
se não olhares para trás;
e isso tu não farás.

THE NEW ORPHEUS

You flee and I want to follow;
you sing and I want to soar;
because you are, I want to be.
But I can't tell you
if you don't look back;
and this you will not do.

POEMA PRAGMÁTICO III

Pode parecer que eu apenas vivo
para o objeto do meu amor.
Mas não. Eu vivo para amar,
e o objeto cumpre o objetivo.

Guitarra portuguesa (Portuguese guitar). Museu do Fado, Lisbon.

PRAGMATIC POEM III

It may appear that I only live
for the object of my love.
I do not. I live to love,
and the object fulfills the objective.

Masculinas são as mãos que labutam;—
os dedos que sangram e incham...
sangram e incham
diariamente.

Feminino é o cabelo—as lágrimas—
que limpam o sangue...
limpam o sangue
e tiram a dor.

Suave é a noite que cura
quando a labuta ganha descanso...
ganha descanso perfeito
em um abraço.

Masculine are the hands that toil;—

fingers that bleed and swell...

bleed and swell

daily.

Feminine is the hair—the tears—

that wipe away the blood...

wipe away the blood

and take away the pain.

Gentle is the night that heals

when toil wins rest...

wins perfect rest

in an embrace.

VENTO DE VERÃO

Há um vento de verão
    No outono
Talvez seja um sinal

Então sonho

Há um vento de verão

No outono

Mas eu sei que horas são

Não sou tolo

Há um vento de verão

No outono

Coloquei o meu blusão

E eu choro

SUMMER WIND

There's a summer wind
In the fall
Maybe it's a sign
So I dream

There's a summer wind
In the fall
But I know what time it is
I'm no fool

There's a summer wind
In the fall
I put on my windbreaker
And I cry

O MEU DESEJO

Para sentir as águas moverem-se entre os meus dedos;

deixar as ondas lavarem o meu medo;

olhar para a beleza e nunca desviar os olhos;

mergulhar no silêncio profundo e encontrar descanso.

MY DESIRE

To feel the waters move between my fingers;
to let the waves wash away my fear;
to gaze upon beauty and never have to look away;
to dive into the deep silence and find rest.

Portugal! Eu amo tudo sobre ti!—
Até estas pedras que me fazem tropeçar...

Talvez sejam o que mais amo.

Portugal! I love everything about you!—

Even these stones that make me stumble...

Perhaps they are what I love the most.

VERSOS ESCRITOS EM UM AVIÃO

«Doce ou salgado?» ela perguntou-me.

«O que é doce?» eu respondi.

«Doce é tradição e conforto;—

satisfaz, mas pode fazer-te gordo.»

«E o que é salgado?»

«Salgado vem como uma onda

que cresce e que te lava;—

Vais ficar com sede para mais.»

Queria os dois,

mas ela disse que só podia escolher um.

LINES WRITTEN ON AN AIRPLANE

"Sweet or salty?" she asked me.

"What is sweet?" I responded.

"Sweet is tradition and comfort;—

it satisfies, but it can make you fat."

"And what is salty?"

"Salty comes like a wave

that swells and washes over you;—

you will be thirsty for more."

I wanted them both,

but she said I could only choose one.

Se a poesía é vida,
então as palavras que escrevo são só ilusões
a menos que sejam vividas.

Se existe um ideal,
então vale a pena viver esta vida
até que as palavras se tornem realidade.

If poetry is life,

   then the words that I write are only illusions

unless they are lived.

If an ideal exists,

then this life is worth living

until the words come true.

Vi uma palavra de amor
a formar-se na foz do rio
onde a água encontra o mar.

I saw a word of love
  form at the mouth of the river
where the water meets the sea.

Se me disseres que esta árvore nunca vai dar fruto,
eu vou parar de regá-la.

Vou deixá-la queimar ao sol até que murche e morra.

Mas se me disseres que ainda há esperança,

vou esperar uma vida inteira

e mantê-la viva com as minhas lágrimas.

If you tell me that this tree will never bear fruit,
I will stop watering it.

I will let it burn in the sun until it withers and dies.

But if you tell me that there is yet hope,

I will wait a lifetime

and keep it alive with my tears.

Se tudo o que tenho para dar é nada,
é suficiente? Na sua essência
é inestimável; mas na sua substância
não tem valor:
o fruto da minha liberdade:—
o meu amor.

If all I have to give is nothing,
   is that enough? In its essence
it is priceless; but in its substance
it has no value:
the fruit of my freedom:—
my love.

UMA BENÇÃO

Que a tua memória seja preenchida
com mais sorrisos do que lágrimas,

mais luz que escuridão,

mais amor que ódio,

e mais esperança que desespero.

A BLESSING

May your memory be filled
with more smiles than tears,

more light than darkness,

more love than hate,

and more hope than despair.

Para que uma sombra exista,
são necessárias luz e escuridão.

Sou a escuridão que cria

a minha própria sombra.

Só quando o sol estiver acima de mim

a sombra diminuirá.

For a shadow to exist,
light and darkness are necessary.

I am the darkness that creates

my own shadow.

Only when the sun is above me

will the shadow diminish.

Ver mas não tocar—
Preferia ser cega!

Viver mas não amar—

Para a morte estaria pronta!

Querer, não precisar—

A *doçura* do fruto!

Pera e pedra. Parede, Portugal.

To see but not to touch—
I would rather be blind!

To live but not to love—

For death I'd be ready!

To want, not to need—

The *sweetness* of the fruit!

FOGO FÁTUO

Diz-me que eu nunca voltarei;—
    Que as minhas mãos ficarão vazias;

Nunca mais olharei para as águas;—

Que a minha esperança era em vão,

A minha alegria uma ilusão...

Diz-me que eu nunca voltarei.

IGNIS FATUUS

Tell me I will never return;—
That my hands will remain empty;
Never more will I look upon the waters;—
That my hope was in vain,
My joy an illusion...
Tell me I will never return.

A minha razão, satisfação;
Ao meu lado, oposição.

A minha vida, o meu orgulho;

O meu espinho no meu corpo.

My reason, satisfaction;
On my flank, opposition.

My life, my pride;

My thorn in my side.

Sabes?

Sabes que ainda uma promessa paira no ar?

Podes ouvir?

Podes ouvir os sons ao longo dos trilhos?—

uma batida única em cada paragem.

Vais ouvir?

Vais ouvir as canções do meu coração?—

as velhas e as novas?

Vais lembrar-te?

Vais lembrar-te que eu te amei?

Do you know?

Do you know that a promise still hangs in the air?

Can you hear?

Can you hear the sounds along the rails?—

a unique beat at every stop.

Will you listen?

Will you listen to the songs of my heart?—

the old and the new?

Will you remember?

Will you remember that I loved you?

O que posso cantar que não foi cantado?
O que posso escrever que não foi escrito?

Onde mais posso ir quando não estás comigo?

Só tu tens as palavras que desejo ouvir.

What can I sing that has not been sung?
What can I write that has not been written?

Where else can I go when you are not with me?

Only you have the words that I long to hear.

S empre haverá rosas,
mas canção após canção,

a doce memória expõe

a jóia na multidão.

There will always be roses,
but song after song,

sweet memory exposes

the jewel in the throng.

Talvez desapareça nas sombras,
    mas não vou embora sem lágrimas.
Talvez não olhe para trás,
mas a minha memória está boa.
Talvez pareça não me importar,
mas sair fará o meu coração quebrar.

Maybe I'll disappear into the shadows,

but I won't go away without tears.

Maybe I won't look behind me,

but my memory is good.

Maybe I'll appear to not care,

but to leave will make my heart break.

UMA BORBOLETA

Flutuas com a brisa
para pousar na minha mão.

Que probabilidade nos juntou?

Demora-te comigo um pouco!

Fecha as tuas asas e descansa!

Vou ficar muito quieta...

Mas compreendo—

deves seguir em frente.

É como permaneces viva.

A BUTTERFLY

You float with the breeze
to alight onto my hand.

What chance has joined us?

Linger with me a while!

Close your wings and rest!

I will keep very still...

But I understand—

you must keep moving.

It is how you stay alive.

Para entreter um pensamento tão estranho:

Que nunca mais posso andar neste jardim...

É uma situação triste, ser assim:

Onde o meu amor tem sido o meu investimento,

e as minhas lágrimas serão a minha recompensa.

To entertain a thought so strange:

That I can never walk in this garden again...

It is a sad predicament, to be like this:

Where my love has been my investment,

and my tears will be my return.

VIRTUDE

Pulsou nas minhas veias, mas não senti;
Ressoou nos meus ouvidos, mas não ouvi;
Ficou à minha frente, mas não percebi...
Porque só te vi a ti.

VIRTUE

It throbbed in my veins, but I didn't feel;
It rang in my ears, but I didn't hear;
It stood before me, but I didn't notice...
Because I only saw you.

É melhor, não é?
Este pensamento profundo:

Não para sentir saudade,

mas simplesmente

ficar contente

que existes neste mundo.

It's better, isn't it?

   This profound thought:

Not to feel a longing,

but simply

to be glad

that you exist in this world.

Este povo, esta terra...
Ó! como és linda!

Sabes mesmo?

És um tesouro

escondido no meu coração;

uma fonte de inspiração;

um poema não gravável—

Portugal!

This people, this land...
Oh! how beautiful you are!

Do you even know?

You are a treasure

hidden in my heart;

a source of inspiration;

an unwritable poem—

Portugal!

As águas são indiferentes
ao meu desejo de estar perto.
Não assumem responsabilidade
para a minha dúvida e medo.
Ainda assim, a sua presença
é uma fonte de conforto
embora sejam, ao mesmo tempo,
uma fonte da minha inquietação.

The waters are indifferent
to my desire to be near.

They assume no responsibility

for my doubt and fear.

Still, their presence

is a source of comfort

even though they are, at the same time,

a source of my unrest.

Conheces os meus desejos;—
escrevi-os aqui nestas pedras

como se eu fosse algum deus.

O que é, se não a tristeza,

por se sentir roubado de algo

que nunca tenha possuído?

É então roubo?

Então eu sou o ladrão!—

Ladrão da minha própria imaginação.

You know my desires;—
I've written them here on these stones
as if I were some god.
What is it, if not grief,
to feel robbed of something
that I had never possessed?
Is it then theft?
Then I am the thief!—
Thief of my own imagination.

Imagino que as águas

   estejam firmes e seguras:

Que quando estão calmas

é para me trazer paz;

e quando estão turbulentas,

ensinar-me uma lição.

Mas quando estão frias,

mal consigo respirar.

I imagine that the waters

are steady and sure:

That when they are calm

it is to bring me peace;

and when they are turbulent,

to teach me a lesson.

But when they are cold,

I can barely breathe.

Ó Madrugada!
Quão breve é a hora
que inaugura o dia.

O h, Dawn!
How brief is the hour
that ushers in the day.

Tranquila é a água
numa piscina antiga;
encantados são os olhos
que se veem atraídos.

Tranquil is the water
in an ancient pool;

charmed are the eyes

that find themselves drawn in.

Traz a escuridão,
     mas deixa-me descansar;
dá-me a solidão,
mas deixa-me ter paz.
Mas volta para mim em dias tristes
e sê a minha luz.

Bring the darkness,
but let me rest;

give me solitude,

but let me have peace.

But return to me on sad days

and be my light.

Tocas a tua música em frente do mundo,
mas escondes o teu rosto quando cantas.
Sabes que até os galos sustêm a respiração
para te ouvir enquanto convocas a madrugada?

Um galo (a rooster) at Parque Marechal Carmona. Cascais, Portugal.

You play your music before the world,
but you hide your face when you sing.
Do you know that even roosters hold their breath
to listen while you call upon the dawn?

Com amor eu olho, com saudade, eu choro
    Sobre a tua paisagem, regando estas pedras.
Quão distantes são as terras e vasto o mar
    Que se encontra no meio, e sofro nos meus ossos...
Mas o poeta* reflete que embora o homem elogie
    De longe, ainda deve desejar a beleza—
Embora a sua paixão seja muda. Louvado seja Deus,
    Quem oferece a paz e esperança em compaixão;
Quem nos permite sofrer, mas nunca sozinhos,
    E só por um tempo... Mas agora,
O meu tempo parece emprestado, a minha paz quase a
    desaparecer—
    Mas somente os tolos obedecem ao que o medo dita,
E a tua beleza é o que procuro! Então procuro—
Sem paixão se for preciso—para ainda te glorificar!

*Florence Earle Coates.

Lovingly I gaze, longingly I weep
   Over your landscape, watering these stones.
How distant are the lands and vast the sea
   That lies between, and I ache in my bones...
But a poet* once mused that though man lauds
   From afar, still must he yearn for beauty—
Though his passion be dumb. Praise be to God,
   Who provides peace and hope in sympathy;
Who grants us to grieve, but never alone,
   And only for a time... But as I stand,
My time seems borrowed, my peace all but
      flown;—
   Yet only fools obey what fear commands,
And your beauty I seek! So seek I will—
Passionless if I must—to laud you still!

*Florence Earle Coates.

AGORA NÃO

Agora não.
Não agora, mas algum dia.

Algum dia voltarei.

Voltarei neste barco.

Neste barco, para esta costa—

Para esta costa neste barco

Voltarei algum dia.

Algum dia, mas não agora.

Agora não.

NOT NOW

Not now.
Not now, but some day.

Some day I'll return.

I'll return in this boat.

In this boat, to these shores—

To these shores in this boat

I'll return some day.

Some day, but not now.

Not now.

"É preciso partir, é preciso ficar..."

—Eugénio de Andrade

"One has to leave, one has to stay..."

—Eugénio de Andrade

EPÍLOGO

EPILOGUE

O DESTINO

O Destino espera perto do mar
E conta os barcos, os pássaros...
Mas não vai voar, nem vai navegar;
Move-se só quando sopram os ventos.

FATE

F ate waits near the sea
     And counts the boats, the birds...
But it will not fly, nor will it sail;
It moves only when the winds blow.

A energia que emana
do teu corpo poroso
transforma-se em música
e mantém-me cativada.

Até mesmo a tua indiferença
e o teu silêncio
perante a minha ofensa
atrai-me para o teu lado.

Mas eu sei que tocas para outra;
por isso, escuto na solidão,
consciente da barreira,
ainda sinto a atração.

The energy that emanates
from your porous body
transforms into music
and captivates me.

Even your indifference
and your silence
in the face of my offense
draws me to your side.

Yet I know that you play for another;
therefore, I listen in solitude,
aware of the barrier,
still sensing the pull.

Eu choro todos os dias,
    Com medo de não chorar;—

Medo que tu vás embora

Se eu não continuar.

I cry every day,
 Afraid of not crying;—
Afraid that you will go away
If I stop.

NA NOSSA DOR

Na nossa dor,
esquecemos o caminho do Amor.

Esquecemos que quando o Amor ama,

não há perda.

IN OUR GRIEF

In our grief,
we forget the way of Love.
We forget that when Love loves,
there is no loss.

Porque me faltava fé,
entreguei-me à minha paixão,
que aprodece como fruto maduro
depois de cair no chão.

Mas na semente—os restos do fruto—
já há espaço para crescimento;
pois a natureza salva-a do pó
e dá-lhe um novo nascimento.

Because I lacked faith,
I gave myself to my passion,

which rots like ripe fruit

after it falls to the ground.

But in the seed—the remains of the fruit—

there is already room for growth;

for nature saves it from the dust

and gives it new birth.

Antes da mão que a forma,
　　antes do olho que a vê—
　inspiração.

Move-se abaixo da cabeça,
do peito, da cintura, dos pés—
　criação.

Mostras-me a minha condição
com a vazante das marés—
　revelação.

Trazes a aurora,—a nova vida;
misericordioso tu és—
　restauração!

B efore the hand that forms it,
before the eye that sees it—
inspiration.

It moves below the head,
the chest, the waist, the feet—
creation.

You show me my condition
with the ebbing of the tides—
revelation.

You bring the dawn,—new life;
merciful you are—
restoration.

AGORA

Quer esteja de frente para o sol
ou olhe para trás para a minha sombra,

ainda estou exactamente onde estou

e estás exactamente onde estás.

NOW

Whether I'm facing the sun
or looking back at my shadow,

I'm still exactly where I am

and you're exactly where you are.

À porta de um sonho menor,
no momento anterior

ao ponto de capitulação,

agarra a minha mão

e não me deixes bater!

At the door of a lesser dream,
in the moment prior

to the point of capitulation,

grab my hand

and don't let me knock!

Envelhecemos,
mas a nossa sombra continua jovem.

Puxa-nos como uma criança

desejosa para contar um segredo.

Mas paramos de ouvir,

e assim envelhecemos.

We age,
but our shadow stays young.

It pulls on us like a child

eager to tell a secret.

But we stop listening,

and so we age.

O BARCO VELHO

L eva o barco velho para o mar;
Nas marés compassivas, deixa-o flutuar.

Leva-o para onde o Capitão habita;

Resignado, calmo, livre—navegará.

THE OLD BOAT

Carry the old boat out to sea;
With the pitying tides, let him drift.
Take him to where the Captain dwells;
Resigned, calm, free—he will sail.

Cascais, Portugal.

I knew you as the autumn breeze
  When in my youth I blithely walked
Along raked paths of fallen leaves
I knew you as the autumn breeze.

The birds that died I buried there
Along raked paths of fallen leaves
Without a thought, without a care,
The birds that died I buried there.

Within the branches high above
Without a thought, without a care,
The songbirds sang of my first love
Within the branches high above.

* * *

And even now midst fallen leaves
As gently blows the autumn breeze
Without a thought, without a care,
The birds that die I bury there.
And in the branches high above
Still sing the birds of my first love.

O SILÊNCIO

O teu nome está escrito
em cada página—
em cada espaço
entre palavras.
A última página—
a folha em branco—
também é tua.

THE SILENCE

Your name is written
on each page—

in every space

between words.

The last page—

the blank sheet—

it's yours too.

SOBRE O AUTOR

A primeira introdução de Sonja à Península Ibérica aconteceu em criança quando viveu em Madrid, Espanha, durante três anos. Quarenta anos depois, encontrou-se na capital costeira montanhosa de Lisboa, Portugal, onde viveu a sua segunda infância. Apaixonou-se imediatamente pelo lugar, pelas pessoas e pela língua, e desenvolveu um impulso irresistível de criar poemas em inglês e em português. Abandonando a condução de um carro durante dois anos, percorreu as calçadas portuguesas, andou de comboio pela Linha de Cascais, bebeu café em cafés locais, e olhou para as águas. Para onde quer que olhasse era uma fonte de inspiração; e com os olhos bem abertos, encontrou a sua voz. Este livro é fruto das suas andanças; uma coleção de poemas—canções de amor dedicadas a um Jardim.

Sonja pode ser alcançada em worldsaspire@gmail.com e em qualquer lugar @worldsaspire.

ABOUT THE AUTHOR

Sonja's first introduction to the Iberian Peninsula took place as a child when she lived in Madrid, Spain for three years. Forty years later, she found herself on the hilly coastal capital city of Lisbon, Portugal where she lived out her second childhood. She immediately fell in love with the place, the people, and the language, and developed an irresistible impulse to craft poems in English and in Portuguese. Forsaking driving a car for two years, she walked along Portuguese pavement, rode trains along the Linha de Cascais, sipped coffee in local cafés, and gazed into the waters. Everywhere she looked was a source of inspiration; and with eyes wide open, she found her voice. This book is the fruit of her wanderings; a collection of poems— love songs dedicated to a Garden.

Sonja can be reached at worldsaspire@gmail.com and anywhere @worldsaspire.

ÍNDICE

INDEX

6   Per Aspera

8   *Eu tenho que olhar para baixo*

10   Solidão

12   *Sentir os raios do sol na palma da minha mão*

14   Águas Profundas

16   *o caminho do desejo*

18   Submissão

20   Paz

22   *Espero por uma brisa suave*

24   Jardim dos Segredos

26   Tordo-comum

28   *Somos iguais*

30   *Assumirei a forma da minha iniquidade*

32   *De frente para o muro do jardim*

34   *Eu sei que o portão é estreito*

36   Hoje Não

38   Não Posso

40   *A promessa da Primavera paira no ar*

42   *Que espírito está aqui*

44   *Nunca vou possuir-te, ave canora*

46   *Escrito no rosto está a verdade*

48   A Minha Musa

50   *Eu estarei onde os trilhos se cruzam com as tílias*

7 Per Aspera

9 *I have to look down*

11 Solitude

13 *To feel the sun's rays in the palm of my hand*

15 Deep Waters

17 *the path of desire*

19 Submission

21 Peace

23 *I wait for a soft breeze*

25 Garden of Secrets

27 Song Thrush

29 *We are alike*

31 *I'll assume the shape of my iniquity*

33 *Facing the garden wall*

35 *I know that the gate is narrow*

37 Not Today

39 I Can't

41 *The promise of Spring hangs in the air*

43 *What spirit is here*

45 *I'll never possess you, songbird*

47 *Written on the face is truth*

49 My Muse

51 *I will be where the tracks meet the linden trees*

52   *Não preciso de saber*

54   Como uma Flor

56   A Minha Guerra

58   *Meio adormecida, eu sonho*

60   *A Natureza não fala com palavras*

62   Noturno (Contraponto)

66   *Nos sonhos nado pelo ar*

68   Um Lamento de Páscoa

70   *A Natureza toca as suas canções doces*

72   Poema Pragmático I (Sinceridade)

74   Vamos Ver

76   O Vendaval

78   [imagem]

80   *Tudo na Natureza se move no tempo perfeito*

82   *Habitar no amor é assim*

84   [imagem]

86   *As estações mudaram. Então, quem sabia?*

88   Poema Pragmático II

90   Esperança, a Minha Alegria

92   Solidão II (A Minha Adoração)

94   Ondas (Vai e Vem)

96   Solidão III (O Choro de uma Pomba)

98   Apreensiva

53   *I don't need to know*

55   Like a Flower

57   My War

59   *Half asleep, I dream*

61   *Nature doesn't speak with words*

63   Nocturne (Counter-melody)

67   *In dreams I swim through the air*

69   An Easter Lament

71   *Nature plays her sweet songs*

73   Pragmatic Poem I (Sincerity)

75   We'll See

77   The Windstorm

79   Morning Thoughts

81   *Everything in Nature moves in perfect time*

83   *To dwell in love is like this*

85   *I linger long about your door*

87   *The seasons have changed. So, who knew?*

89   Pragmatic Poem II

91   Hope, My Joy

93   Solitude II (My Adoration)

95   Waves (Come and Go)

97   Solitude III (The Cry of a Dove)

99   Cold Feet

100   Vento e Espírito

102   *Se apenas este vazio*

104   Virei as Costas

106   Toca o Tambor

108   Misericórdia

110   Tudo

112   Janelas

114   Mais ou Menos

116   *Não é a espera*

118   Sempre Bem

120   *Não podes dizer ao vento onde soprar*

122   Corpos de Água

124   A Luz do Dia

126   Sê Forte!

128   O Novo Orfeu

130   Poema Pragmático III

132   *Masculinas são as mãos que labutam*

134   Vento de Verão

136   O Meu Desejo

138   *Portugal! Eu amo tudo sobre ti!*

140   Versos Escritos em um Avião

142   *Se a poesia é vida*

144   *Vi uma palavra de amor*

101   Wind and Spirit

103   *If only this emptiness*

105   I Turned My Back

107   Beat the Drum

109   Mercy

111   Everything

113   Windows

115   More or Less

117   *It's not the waiting*

119   Always Well

121   *You can't tell the wind where to blow*

123   Bodies of Water

125   The Light of Day

127   Be Strong!

129   The New Orpheus

131   Pragmatic Poem III

133   *Masculine are the hands that toil*

135   Summer Wind

137   My Desire

139   *Portugal! I love everything about you!*

141   Lines Written on an Airplane

143   *If poetry is life*

145   *I saw a word of love*

146   *Se me disseres que está árvore nunca vai dar fruto*

148   *Se tudo o que tenho para dar é nada*

150   Uma Benção

152   *Para que uma sombra exista*

154   *Ver mas não tocar*

156   Fogo Fátuo

158   *A minha razão, satisfação*

160   *Sabes?*

162   *O que posso cantar que não foi cantado?*

164   *Sempre haverá rosas*

166   *Talvez desapareça nas sombras*

168   Uma Borboleta

170   *Para entreter um pensamento tão estranho*

172   Virtude

174   *É melhor, não é?*

176   *Este povo, esta terra*

178   *As águas são indiferentes*

180   *Conheces os meus desejos*

182   *Imagino que as águas*

184   *Ó Madrugada!*

186   *Tranquila é a água*

188   *Traz a escuridão*

190   *Tocas a tua música em frente do mundo*

147   *If you tell me that this tree will never bear fruit*

149   *If all I have to give is nothing*

151   A Blessing

153   *For a shadow to exist*

155   *To see but not to touch*

157   Ignis Fatuus

159   *My reason, satisfaction*

161   *Do you know?*

163   *What can I sing that has not been sung?*

165   *There will always be roses*

167   *Maybe I'll disappear into the shadows*

169   A Butterfly

171   *To entertain a thought so strange*

173   Virtue

175   *It's better, isn't it?*

177   *This people, this land*

179   *The waters are indifferent*

181   *You know my desires*

183   *I imagine that the waters*

185   *Oh Dawn!*

187   *Tranquil is the water*

189   *Bring the darkness*

191   *You play your music before the world*

192   *Com amor eu olho, com saudade, eu choro*

194   Agora Não

EPÍLOGO

200   O Destino

202   *A energia que emana*

204   *Eu choro todos os dias*

206   Na Nossa Dor

208   *Porque me faltava fé*

210   *Antes da mão que a forma*

212   Agora

214   *À porta de um sonho menor*

216   *Envelhecemos*

218   O Barco Velho

220   [imagem]

222   O Silêncio

193   *Lovingly I gaze, longingly I weep*

195   Not Now

Azulejos (tiles) at the Museu Nacional do Azulejo. Lisbon, Portugal.

EPILOGUE

201   Fate

203   *The energy that emanates*

205   *I cry every day*

207   In Our Grief

209   *Because I lacked faith*

211   *Before the hand that forms it*

213   Now

215   *At the door of a lesser dream*

217   *We age*

219   The Old Boat

221   *I knew you as the autumn breeze*

223   The Silence

Made in United States
Orlando, FL
18 April 2023